Heide-Luise Niederquell-Ewald

Gute Träume
Geschichten für die Nacht

Die Deutsche Bibliothek—CIP-Einheitsaufnahme
Niederquell-Ewald, Heide-Luise: Gute Träume
Geschichten für die Nacht
Heide-Luise Niederquell-Ewald. — 1. Auflage —
Bucha bei Jena: quartus-Verlag 2010
ISBN 978-3-936455-86-1

ISBN 978-3-936455-86-1

© 2010 by quartus-Verlag, Bucha bei Jena

Satz und Gestaltung: Mona Meister, quartus-Verlag
Einband: KMD Grafik und Designatelier, Weimar
unter Verwendung der Illustrationen von Petra Zöllner
Belichtung und Druck: PBtisk, Příbram, Czech Republic

Für Kinder im Alter von 3-8 Jahren

Das Werk einschließlich aller seiner Teile ist urheberrechtlich geschützt. Jede Verwertung außerhalb der engen Grenzen des Urheberrechts ist ohne schriftliche Zustimmung des Verlages unzulässig und strafbar. Dies gilt insbesondere für Vervielfältigungen, Übersetzungen, Mikroverfilmungen und die digitale Speicherung und Verarbeitung.

Heide-Luise Niederquell-Ewald

Gute Träume
Geschichten für die Nacht

Mit Illustrationen von
Petra Zöllner

quartus-Verlag

Der Pfingstausflug	9
Der Maulwurf Otto und die Elster	11
Lolita, die weiße Schnecke, und Felicitas	13
Das Schwein Grunzi und die Hühner	15
Der Frosch und die Enten	17
Die Mäuschen und die Regenwürmer	19
Susi, die Fliege und die Katze Mascha	21
Schlappohr und Ringelschwanz	23
Die Schildkröte Fufu und das Krokodil Bango	25
Die kleinen Zicklein und das Pferd	27
Die Heidschnucken und der Hütehund Santo	31
Die Kuh Else und die Fliege	33
Tigermama und Löwenpapa	35
Schmusi und das Rotkehlchen	37
Rumbo, der Elefant, und die Gazelle	39
Das Chamäleon und der kleine Tiger	41
Das Kamel Bucki und die Regenwürmer	43
Das Nilpferd und die Schlange	45
Die Giraffe und ein Äffchen	47
Die Möwe und der Bernhardiner-Hund	49

Sibbi, das Känguru, und der Hase Flupp 51
Das Nashorn Taps und der Elefant Tombo 53
Die Ratte Hauzahn und die Schnecke Galizia 55
Marienkäfer Pünktchen und Herr Specht 59
Das Pferd Carmen und Pirella, das Zebra 61
Die Spinne Dolores und die Eule 63
Adalbert, der Adler, als Retter 65
Die Made im Apfel und der Zitronenfalter 67
Flocki 69
Der Haifisch und der Papagei Karamba 71
Der Zirkuselefant Tambi und der Affe Runa 73
Das Schwein Emil und die Zecke 75
Der Schwan und die Maus 77
Rehkitz Schnuppi und Uhu Ottokar 81
Der Grizzlybär und der kleine Wolf 83
Die Elche und das Eichhörnchen 85
Das Krokodil Simma und Rotschnabel, der Storch 87
Der Hirsch und der Igel 89
Der Eisbär Pimo und der kleine Seehund Heuli 91
Der Esel, die Schafe und der Ochse 93

FRÜHLING

DER PFINGSTAUSFLUG

Familie Schmidt unternimmt einen Pfingstausflug. Die drei Kinder Johanna, Maria und Christof wünschen sich eine Wanderung mit allem Drum und Dran: Hut, Decke, Wanderstock und Rucksack.
Der Himmel ist blank gefegt und die Sonne scheint.
Bis zur Mittagszeit legen sie die Hälfte ihrer geplanten Strecke zurück. Endlich wird Rast auf einer Wiese gemacht und sie breiten ihre Decke aus. Genau zu dieser Zeit ziehen am Himmel Wolken auf und es bilden sich hunderte von Schäfchenwölkchen.
Die drei Kinder liegen auf dem Rücken, zählen die Schäfchen und Christof schläft darüber ein. Er träumt sogar von den Schäfchen. Doch was passiert tatsächlich? Als er munter wird, traut er seinen Augen nicht. Neben ihm auf der Decke liegt ein Lämmchen, das sich an ihn kuschelt. Er hört das lustige „mäh, mäh" von der Schafherde, die in der Zeit, als Christof schlief, auf der Wiese weidet.
Seine Schwestern Johanna und Maria haben tolle Ideen:
„Wir werden das Lämmchen taufen", sagt Maria. „Und ich habe schon den passenden Namen. Wir nennen es Wölk-

chen", ruft Johanna begeistert. Alle sind einverstanden und sie müssen nur noch den Schäfer fragen, ob er das auch erlaubt. Er willigt natürlich ein und Christof rennt daraufhin freudig mit einem Becher zu dem kleinen Fluss, der an der Wiese vorbeifließt, und holt Taufwasser.

In der Zwischenzeit stehen die anderen schon im Kreis auf der Wiese. Der Papa darf die Taufrede halten und Christof hält das Lämmchen auf dem Arm. Die Mama tröpfelt dem Lämmchen Wasser auf die Stirn und von nun an heißt es „Wölkchen". Es ist eine wunderschöne Taufe unter dem Himmelszelt. Und aus dem geplanten Picknick wird ein Taufessen, zu dem selbstverständlich auch der Schäfer herzlich eingeladen ist.

Als Maria, Johanna und Christof am Abend im Bett liegen, schwärmen sie von dem wunderschönen Pfingstausflug mit ihren Eltern.

DER MAULWURF OTTO UND DIE ELSTER

Es wurde Frühling, der Maulwurf Otto schaufelte sich ein Loch und kam aus der Erde, um etwas Frühlingsluft zu schnuppern. Da er aber blind ist und ziemlich wackelig auf den kleinen Beinen steht, beobachtete ihn die Elster, die sich in dem Garten für ihr Nest auf der Pappel Zweige suchte.
Sie sah, dass Otto in Richtung Teich lief und hüpfte schnell zu ihm hin. „Wohin willst du, Otto?" klapperte die Elster. „Ach, mir war es zu langweilig, den ganzen langen Winter unter der Erde. Ich wollte ein wenig Frühling genießen und nun finde ich meinen Einstieg nach unten nicht wieder. Hier ist die Erde überall noch gefroren und ich kann mir keinen neuen Gang schaufeln. Kannst du mir helfen, liebe Elster?", fragte der Maulwurf. „Na klar, lieber Otto, ich fliege über den Garten und suche den Erdhaufen, aus dem du gekommen bist", rief die Elster und flog schon davon.
Der Maulwurf blieb auf dem Rasen neben dem Teich sitzen. Er rührte sich nicht, denn es war zu gefährlich, weiterzugehen in der Nähe des Teiches.
Wenn er da hinein plumpst, ist es für ihn aus. Das wusste Otto genau.

Jetzt hörte er Geklapper aus der Luft. Das war die Elster. Sie rief von oben: „Hallo, Otto, hörst du mich? Ich schlage laut mit den Flügeln und du läufst über den Rasen unter mir genau in die Richtung, in die ich fliege."
Der Maulwurf hob den Kopf und nickte. Jetzt ging es los. Die Elster flog über dem Maulwurf und er lief auch in die Richtung.
Das klappte gut, bis plötzlich eine Katze um den Baum kam, die sich den Maulwurf schnappen wollte. Da flog die Elster ganz tief und klapperte aufgeregt mit dem Schnabel, um die Katze zu verscheuchen. Die bekam tatsächlich Angst vor der Elster und rannte weg. So konnte Otto in Ruhe seinen Maulwurfshügel finden. Er winkte der hilfsbereiten Elster noch zu, ehe er wieder hinab unter die Erde verschwand.
Die Elster suchte nun die restlichen Zweige, flog hoch auf die Pappel und baute zufrieden das Nest fertig.

LOLITA, DIE WEISSE SCHNECKE, UND FELICITAS, DIE GRÜNE RAUPE

Es wurde Abend und am Gartenzaun rutschte die weiße Schnecke Lolita nach oben. Sie wollte noch die letzten wärmenden Sonnenstrahlen vom Tag erhaschen. Mit aller Kraft schaffte sie es, auf die Zaunspitze zu kommen. Auf der Spitze saß sie nun und schaute sich nach links und rechts um. Schön ist es hier oben, dachte sie und präsentierte ihr weißes Haus. Doch der Schein der Abendsonne tauchte das Schneckenhaus in rotes Licht und es sah sehr schön aus. Sie aber konnte es selbst nicht sehen.
An der Nachbarzaunslatte machte es sich in dem Moment Felicitas, die haarige, grüne Raupe aus dem Nachbargarten, gemütlich. Sie schloss die Augen und hielt ihren langen Körper in die wärmende Abendsonne.
„Ach, ist das schön warm", schwärmte sie und bewegte ihren Körper auf und ab. „Hallo, Felicitas, bitte sei etwas leise, ich möchte die Stille genießen. Es war den ganzen Tag so laut im Garten", wisperte die Schnecke. „Huch, wer bist du denn? Ein rotes Ungeheuer?", schrie die Raupe und stürzte vor Schreck von der Zaunslatte in das Gras. „Ich bin es doch,

Lolita, kennst du mich nicht mehr?", fragte die Schnecke enttäuscht und schaute von der Zaunspitze herab ins Gras. „Ich kenne nur eine weiße Lolita aus dem Nachbargarten, aber keine feuerrote", stellte Felicitas fest und blinzelte nach oben zu der Schnecke. „Oder hast du etwa dein Haus rot angestrichen, weil das jetzt Mode ist?", fragte sie noch vorsichtig. „Was du nur hast, Felicitas. Ich bin Lolita im weißen Haus und niemand anders", sagte die Schnecke ängstlich, weil sie dachte, die Raupe sei krank und könne keine Farben mehr unterscheiden. Da wollte es Felicitas wissen, rutschte am Zaun nach oben direkt zur Schnecke und schaute sich das Haus von der Nähe an. Aber nun war in der Zwischenzeit die Sonne untergegangen und das Schneckenhaus sah sogar schwarz aus. Da musste die Raupe lachen und gab Lolita einen Kuss: „Du kannst dich ja selbst nicht sehen, liebe Lolita. Das war das Sonnenlicht, das dich rot angeleuchtet hat. Jetzt ist dein Haus sogar schwarz, weil es schon dunkel ist." Und beide lachten noch lange über die Zauberei mit dem Licht.

DAS SCHWEIN GRUNZI UND DIE HÜHNER

Die Tür vom Schweinestall war offen, denn ein starker Frühlingswind hatte sie nach hinten gedrückt.
Grunzi, das Lieblingsschwein des Bauern, trottete durch die offene Tür ins Freie und freute sich, dass es Frühling wurde und endlich die Sonne schien.
Das Schwein stieg auf den Misthaufen, der in der Mitte vom Bauernhof lag, und machte es sich darauf gemütlich. Von hier oben kann man alles gut beobachten, sogar in den Hühnerstall kann man sehen, dachte Grunzi. Von dort hörte man ein Gekrähe und Gegacker. Die Hühner flatterten herum, zankten und rauften sich.
Das gefiel Grunzi ganz und gar nicht. Das Schwein mochte es lieber ruhig und friedlich.
„Warum streiten sich denn deine Hühner?", fragte Grunzi den Hahn, der vorbeistolzierte. Er war aus dem Hühnerstall geflüchtet, in dem es so laut zuging. „Ach, sie wollen wieder alle auf einmal auf der Hühnerstange ganz vorne am Fenster schlafen. Das geht aber doch nicht. Platz ist überall im Stall", beschwerte sich der Hahn, „das ist jeden Abend das Gleiche."
„Lieber Hahn, da musst du deine Hühner noch erziehen, da-

mit sie sich nicht immer streiten. Ich beneide dich nicht darum", lachte das Schwein und steckte seine Schweineschnauze tief in den Misthaufen.
Durch den Geruch und die Wärme, die aus dem Misthaufen stiegen, schlief Grunzi sofort ein und träumte von seinem Schweinestall, in dem es immer so wunderbar friedlich zuging.

DER FROSCH UND DIE ENTEN

In einem schönen Natur-Erlebnisgarten fielen große Regentropfen auf den Teich. Ein dicker Frosch hockte, wie immer, auf dem Baumstamm, der im Teich trieb, und freute sich, dass endlich wieder frisches Wasser kam. Am Ufer saß das Entenpärchen, das alljährlich im Frühling an diesem Teich seine Eier ablegte. Und so geschah es auch in diesem Frühjahr wieder. Die Ente sagte zu ihrem Enterich: „Hey, Mann, ich glaube, gleich lege ich meine Eier ab. Ein wenig Bauchschmerzen habe ich schon, nag, nag." Der Enterich schlug vor Freude kräftig mit seinen Flügeln. Das alles beobachtete und hörte auch der dicke Frosch auf dem Baumstamm. Plötzlich rief die Ente: „Nag, nag, jetzt ist es passiert!" Und in dem Moment purzelten auch schon drei Eier auf die Wiese. „Lieber Mann, du setzt dich darauf und hältst unsere Kinder in den Eiern schön warm", sagte sie zu dem Enterich. Die Ente watschelte erst einmal ins Wasser, um ein Bad zu nehmen und sich von der Anstrengung des Eierlegens zu erholen. Der Enterich aber wollte sich auf die Eier setzen und schlug noch einmal aufgeregt mit den Flügeln. Dabei merkte er gar nicht, dass plötzlich ein Ei in den Teich kullerte.

Die großen Froschaugen aber hatten das Unglück bemerkt. Der Frosch sprang kopfüber von seinem Baumstamm ins Wasser. Er umfasste mit beiden Vorderbeinen das Ei und schwamm damit vorsichtig zum Uferrand. Er quakte mit tiefer Stimme: „Hallo, Entenpapa, du musst besser auf deine Kinder aufpassen, quak, quak. Dieses Ei war in den Teich gerollt, als du mit deinen Flügeln geschlagen hast." „Danke, lieber Frosch", sagte der Enterich, „das habe ich nicht gemerkt. Ich nehme das Ei gleich unter die Flügel. Ein Glück, dass es meine Entenfrau nicht gesehen hat. Da hätte ich aber etwas zu hören bekommen."

Der Frosch schwamm zurück auf seinen Lieblingsbaumstamm und beobachtete weiter das Geschehen. Frau Ente kam schnatternd aus dem Wasser und fragte: „Nag, nag, hast du gut auf unsere Kinder in den Eiern aufgepasst, lieber Mann?" „Ja, ja natürlich, liebe Frau, was denkst du denn?", brummelte er und zwinkerte dabei dankbar dem aufmerksamen Frosch zu, der natürlich nichts verraten hat.

DIE MÄUSCHEN UND DIE REGENWÜRMER

Die Mäusekinder freuten sich, dass der Schnee geschmolzen war und sie wieder schön trocken und warm auf dem Holzstoß sitzen konnten.
Aber da kam doch eine dicke Wolke gezogen und es fing ein wenig an zu regnen, obwohl auf der anderen Seite der Wolke noch die Sonne schien. Weil es leicht regnete, kamen unter dem Holzstoß die Regenwürmer hervorgekrochen.
Die Mäuschen riefen aufgeregt: „Schaut mal, da hinten am Himmel ist ein schöner bunter Regenbogen. Auf dem kann man bestimmt hinaufklettern!" Da es im Moment sowieso etwas langweilig im Garten war, hielten sie das alle für eine gute Idee. „Los, wir wollen um die Wette rennen, wer zuerst an dem Regenbogen ist, darf hinaufklettern", schlugen die Regenwürmer vor. Und so wurde es gemacht.
Die kleinen Mäuschen liefen durch den Gartenzaun über die große Wiese. Die Regenwürmer hatten zu tun, sie schlängelten sich in Windeseile zwischen den Grashalmen hindurch und konnten recht gut bei dem Tempo der Mäuse mithalten. Alle eilten in Richtung Regenbogen, immer weiter und immer weiter. Die Mäuse liefen, die Beinchen taten ihnen

schon weh und den Regenwürmern schmerzten die Bäuchlein vom Rutschen so sehr. Aber sie fanden den Regenbogen nicht mehr. Der war einfach weg! Keuchend, jammernd und enttäuscht blieben sie im Gras liegen und konnten nicht mehr weiter.

Da stand vor ihnen der Fuchs und fragte, was denn passiert sei. Sie erzählten von ihrem Spiel, dass sie um die Wette rennen und auf den Regenbogen klettern wollten, der aber plötzlich verschwunden ist. Der Fuchs schüttelte mit dem Kopf und klärte die Kleinen auf: „Wenn es regnet, scheinen die Sonnenstrahlen durch die Regentropfen, dadurch entsteht dieser bunte Regenbogen mit sieben Farben am Himmel. Man kann auch nicht hinaufklettern, weil es nur ein Licht ist."

Er schickte die Mäuschen und die Regenwürmer wieder zurück in ihren Garten, diese bedankten sich, dass der Fuchs so nett war und ihnen erzählt hat, wie ein Regenbogen entsteht.

SUSI, DIE FLIEGE UND DIE KATZE MASCHA

Der Frühling war endlich da. Nun erwachten auch die Fliegen aus ihrem Winterschlaf. Auf der Erde im Blumenkasten saß Susi, die dicke schwarze Fliege. Sie gähnte, denn die Sonnenstrahlen hatten sie aus dem tiefen Winterschlaf gerissen. Sie spreizte ihre Flügel und versuchte einen Flug über den Balkon der Familie Bosem. Doch das gelang ihr nicht. Sie stürzte ab und landete unsanft auf dem Boden. Das bemerkte natürlich auch Mascha, die Katze der Familie. Die Wohnzimmertür stand offen und sie kam geschlichen, um zu sehen, was da los ist. Mascha hockte sich vor die Fliege und hatte Lust, sie zu fressen. Doch da erkannte sie die Fliege wieder. „Miau", sagte Mascha, „bist du nicht Susi?" „Ja", säuselte Susi, sie hatte Angst, von der Katze gefressen zu werden, „und du bist Mascha. Ich kann noch nicht richtig fliegen, weil ich den ganzen Winter im Blumenkasten saß. Meine Flügel sind zu träge. Weißt du noch, dass wir vor dem Winter Fangen spielten?" „Na klar" miaute Mascha, „du bist im Wohnzimmer hin und her geflogen und ich wollte dich fangen, aber du warst immer schneller."
Susi versuchte noch ein zweites Mal zu fliegen, und dieses

Mal gelang es ihr. „Los, Mascha, fang mich", rief Susi und flog ins Wohnzimmer. Doch in dem Moment wurde die Wohnzimmertür geschlossen und Mascha lief genau gegen die Scheibe. „Autsch", murmelte sie und blieb draußen sitzen.
Susi wollte Mascha helfen und mit ihr weiterspielen. Sie flog deshalb so wild im Wohnzimmer herum, bis es Frau Bosem zu lästig wurde und sie die Tür öffnete, so dass die Fliege hinaus konnte. Susi setzte sich auf Maschas Nase und fragte, ob sie sich ernsthaft verletzt habe. Aber Mascha verneinte es und freute sich, dass sie wieder einen Spielgefährten hatte. Susi flog los und Mascha sauste unter dem Tisch herum, um sie zu fangen. Und es gelang ihr. Sie patschte sanft mit ihrer Pfote auf Susi und hielt sie fest. Doch das kitzelte, sie hob die Pfote und fröhlich flog Susi wieder im Kreis, Mascha hinter ihr her. Das ging den ganzen Tag so, bis die Sonne unterging und Mascha erschöpft in ihren Schlafkorb fiel.
Susi kroch in eine Ecke des Korbes und beide träumten vom nächsten Tag, um das Spiel wieder von vorn zu beginnen.

SCHLAPPOHR UND RINGELSCHWANZ

Mäuschen Ringelschwanz lief durch das Gras und suchte die Kinder. Unter dem Wacholderbusch traf es Häschen Schlappohr, das für den morgigen Ostertag noch Eier verstecken wollte.
„Hallo, was machst du noch so spät am Abend hier draußen?", fragte das Häschen und ließ ein Ohr hängen. „Ach", jammerte die Mausemama, „meine Kinder suche ich. Sie müssen ins Bett". „Oh, ja, da wird es aber auch Zeit", stellte das Häschen fest, „wo können sie denn sein?" „Sie wollten Fangen spielen", piepste die Maus.
Der Hase half der Maus beim Suchen.
Da kam plötzlich eine große Blechdose auf dem Weg angerollt und man hörte lautes Lachen und Kichern. Die Maus und der Hase mussten zur Seite springen, um nicht von der Dose überrollt zu werden. Aus der Dose krabbelten die drei Mäusekinder und erzählten, dass sie schon den ganzen Nachmittag in der Dose hin- und hergerollt sind und es hätte ihnen riesigen Spaß gemacht.
Der Hase lachte und sagte zu den drei Mäusekindern: „Ihr dürft euch ein kleines Schokoladenei aus dem Korb neh-

men, aber dann lauft schnell mit eurer Mama nach Hause, ihr Dosenroller."

Die Mäuschen bedankten sich für die leckeren Eier und sprangen der Mama hinterher.

Schlappohr fand die Idee mit der Blechdose so lustig, dass er sofort darin Ostereier für die Kinder versteckte.

DIE SCHILDKRÖTE FUFU UND DAS KROKODIL BANGO

Die Schildkröte Fufu lebt schon 150 Jahre an dem Flussufer in der Nähe eines afrikanischen Dorfes.
Sie sitzt unter einem Busch, wackelt mit dem Kopf und schaut, weil die Sonne so blendet, mit zusammengekniffenen Augen den lachenden Kindern zu, die auf einer Wiese mit ihrem Ball spielen.
Sie haben nicht viel Spielzeug und dieser Ball ist etwas ganz Besonderes für sie. Die Schildkröte ist ihnen sehr vertraut und oft dürfen sie auf ihrem Panzer reiten.
Fufu hat im Laufe der vielen Jahre, die sie an die Menschen gewöhnt ist, gelernt, sie zu verstehen.
Mitten im Fluss schwimmt zur gleichen Zeit das Krokodil Bango, das auch schon viele Jahre an dieser Stelle lebt und die Menschen vom nahe liegenden Dorf kennt. Es wartet auf eine gute Mahlzeit. Krokodile haben nur Hunger und liegen faul im Wasser herum.
Die Kinder spielen auf der Wiese, aber plötzlich schreien sie ganz laut, weil der Ball ins Wasser rollt und laufen ans Ufer.

Der kleinste Junge rennt so schnell, weil er den Ball retten will, dass er nicht mehr anhalten kann und ins Wasser fällt. Fufu reagiert wie ein Blitz, sie rutscht in den Fluss und schwimmt ganz nahe zu dem kleinen Jungen. Der hält sich am Panzer der Schildkröte fest und wird von ihr heil ans Ufer gebracht. Die Kinder kümmern sich um ihn. Aber er weint, weil er sein Lieblingsspielzeug nicht mehr sehen kann.
Das Wasser fließt sehr schnell und der Ball schwimmt wie eine Rakete davon. Krokodil Bango liegt in der Mitte des Flusses und gähnt.
Genau in dem Moment landet – schwupp – der Ball in dem großen Maul des Krokodils. Bango ist erschrocken, so dass er den Ball ausspuckt und der in hohem Bogen ans Ufer fliegt. Juhu, wie freuen sich die Kinder! Sie rufen im Chor: „Fufu und Bango, ihr seid Helden!"
Sie streicheln die Schildkröte liebevoll, weil sie ihren Freund gerettet hat, und das Krokodil schlägt mit dem Schwanz vor Freude eine hohe Welle.

DIE KLEINEN ZICKLEIN UND DAS PFERD

Mare und Nele waren zu Besuch bei der Oma. Sie besuchten in der Nähe den Pferdestall, in dem auch sieben kleine Zicklein mit ihren Müttern untergebracht waren. Bei schönem Wetter im Winter durften diese auf die Weide. Sie meckerten fröhlich und spielten miteinander.

Mara und Nele freuten sich über den Anblick der kleinen Zicklein. Jetzt war aber die Zeit gekommen, dass die Sonne unterging und die Ziegen allesamt zurück in den Pferdestall sollten.

Die Kleinen mussten getragen werden, weil sie den Weg noch nicht alleine gehen konnten. Mara und Nele durften auch je ein kleines Zicklein auf den Arm nehmen und in den Stall zu den Boxen tragen. Sie öffneten eine Boxentür und vorsichtig setzten sie die Kleinen in das Stroh. Plötzlich erschraken sie, denn sie merkten, dass sie zur falschen Box gegangen waren. Sie hatten aus Versehen die Zicklein in die Pferdebox gesetzt. Das schöne braune Pferd aber wieherte leise und leckte den kleinen Zicklein das Fell. Denen gefiel das, denn die warme Zunge des Pferdes tat ihnen nach dem Aufenthalt im Freien gut.

Die Ziegenmütter aber in der Nachbarbox meckerten, sie vermissten ihre Kleinen schon.
Mara und Nele nahmen die Zicklein wieder in den Arm und brachten sie zu den Ziegenmüttern. Diese freuten sich und stupsten ihre Kleinen mit den Nasen an.
Sie bekamen noch Möhrchen zu fressen und wurden müde. Bald legten sie sich in das warme Stroh und schliefen schnell ein.

DIE HEIDSCHNUCKEN UND DER HÜTEHUND SANTO

In der Lüneburger Heide am Wilseder Berg weideten die Heidschnucken.
200 Tiere mussten gehütet werden. Die Weide blühte und es war eine Farbenpracht. Der Schäfer war schon seit dem frühen Morgen auf den Beinen, um seine Heidschnucken zu hüten, aber am Nachmittag war er müde und schlief ein wenig. Das hatte der Hütehund Santo bemerkt und sich auf die Lauer gelegt. Nun musste er auf der Hut sein, damit den Heidschnucken nichts passiert und die Herde zusammenblieb.
Am Tag zuvor war ein Lämmchen geboren. Da die Weide an den Wald grenzte, war besondere Vorsicht geboten; denn nach dem langen Winter hatte der Fuchs die neugeborenen Lämmchen besonders zum Fressen gern!
Also, Santo, Achtung! Er lief mehrmals um die gesamte Herde herum, es war alles ruhig. Sie riefen „määh, määh" und fraßen in Ruhe Gras und Heidekraut. Durch das Fressen entfernte sich die Herde vom schlafenden Schäfer. Plötzlich hörte Santo aus dem Wald Geräusche. Äste knackten und

die Büsche bewegten sich. Der Fuchs! In dem Moment hatten es auch die Heidschnucken gewittert und die gesamte Herde rannte den Berg hinunter in Richtung Schäfer. Das Neugeborene konnte noch nicht mitrennen. Nur wacklig auf seinen Beinen stand es, lief drei Schritte und plumps, lag es wieder da. Seine Mama versuchte, es wegzulocken, blieb an seiner Seite. Doch da trat die Heidschnucken-Mama in ein Loch im Boden und knickte ein wenig den Fuß um. Nun hatte sie mit sich zu tun und musste auch auf ihr Junges aufpassen. Der Fuchs kam langsam aus dem Gebüsch, schlich sich heran und blieb geduckt auf der Wiese hocken, er lauerte.

Santo wusste, dass die anderen Tiere in Sicherheit waren. Er bellte laut und rannte zu dem Neugeborenen. Santo packte es vorsichtig mit seinen Zähnen am Nacken, lief neben der verletzten Mama her und trug das Junge zur Herde. Die Mama hinkte nebenher.

Der Fuchs aber traute sich nicht in die Nähe des Hütehundes, trottete enttäuscht in den Wald zurück und musste sich nach anderer Beute umsehen. Als der Schäfer erwachte, war die Gefahr vorbei. Er spürte aber, dass die Herde noch aufgeregt war, und Santo setzte sich neben ihn um zu verschnaufen. Der Schäfer fragte Santo: „Na, war der Fuchs da, Santo?" Er streichelte ihn und kraulte sein Fell, das tat er immer, wenn er sich bei Santo bedanken wollte.

DIE KUH ELSE UND DIE FLIEGE

Am Weidezaun steht die Kuh Else und wartet auf den Bauern, der frisches Wasser in die Tränke bringen will. Der Tag ist wieder so heiß, dass sogar die Fliegen die Flügel nicht mehr weit auseinander bringen, alles ist vertrocknet.
Auf dem Weidezaun sitzt eine Fliege genau vor Elses Kopf. Sie putzt ihre Flügel und würde so gerne auf die Wiese fliegen, aber das kann sie vor Hitze nicht.
Else schaut ihr tief in die Augen, denn sie befindet sich in gleicher Höhe. „Na, du Fliege, hoffentlich bringt der Bauer bald Wasser in die Tränke", sagt Else, „das Gras ist trocken, keine Feuchtigkeit mehr drin, muh." Die Fliege lispelt: „Ja, es ist so trocken, ich kann gar nicht mehr fliegen."
In der Ferne wirbelt plötzlich eine Staubwolke auf. Die Fliege und die Kuh hören Traktorengeräusche. Endlich kommt der Bauer und bringt Wasser! Der Traktor fährt auf dem trockenen, holprigen Feldweg entlang, und was passiert plötzlich? Da kippt der Anhänger mit dem Wasserbehälter um und das wertvolle Wasser fließt aus! Zum Glück ist der Boden ganz fest und trocken, dadurch sickert es nur langsam ein.
Else traut ihren Augen nicht. Das lang ersehnte Wasser ist

weg! Sie tritt gegen die Holzlatte und kann den Weidezaun öffnen. Bevor sie zu dem langsam einsickernden Wasser rennt, denkt sie noch an die durstende Fliege. Else nimmt sie auf die Zunge und trägt sie zu den kleinen Pfützen. Sie setzt die Fliege dort ab und diese badet glücklich in einer Pfütze. Else schlappert schnell das wenige Wasser auf, das noch nicht eingesickert ist.

Der Bauer schimpft und wettert, dass ihm so etwas passiert ist. Nun muss er noch einmal fahren und Wasser holen so spät am Abend. Er wollte doch so gerne Feierabend machen.

TIGERMAMA UND LÖWENPAPA

Eine Tigermama kam zum Löwenpapa, der mit seinen Jungen unter dem kühlenden Baum lag. „Was willst du denn von mir?", fragte er mit tiefer Stimme. „Ich bitte dich, mir beim Suchen meiner Kinder zu helfen. Es wird schon dunkel und die Jungen sind noch nicht zurückgekommen", jammert die Tigermama. „Nun gut", sagte der Löwe, „ihr Kinder bleibt unter dem Baum liegen, bis eure Löwenmama kommt. Ich gehe mit auf die Suche nach den Tigerkindern." „Ja, Papa, das tun wir", versprachen die Löwenkinder.

Der Löwe rannte mit der Tigermama zu einem großen Felsen. Denn dort spielten oft die Löwen- und Tigerkinder. Sie liefen um den Felsen herum, aber sie sahen niemanden. Plötzlich rollten größere Steine herunter und dabei donnerte es mächtig. „Oh Gott, hoffentlich sind meine Jungen nicht von einem Stein getroffen worden", rief die Tigermama.

Es war nichts zu hören, kein Laut, gar nichts. Sie liefen noch einmal hinter den Berg und plötzlich war ein leises Wimmern zu vernehmen. Es kam aus einer Felsspalte. Der Löwe ging nahe heran und hörte es deutlicher. Er drückte kraftvoll mit seinen Pranken einen großen Stein beiseite, der die

Felsspalte versperrte, in dem Moment sah er auch schon die beiden Tigerkinder. Die Kleinen freuten sich, dass sie gerettet wurden. Sie erzählten aufgeregt, es seien immer wieder Steine gerollt und der Ausgang wurde dadurch versperrt.
Nun war alles gut, sie rannten neben der Tigermama nach Hause. Dort erzählten sie stolz, dass sie sogar vom Löwen, dem König der Wüste, gerettet worden waren.
Der Löwe begab sich auch mit riesigen Sprüngen nach Hause, wo unter dem Baum seine Kinder und auch seine Löwenfrau, die in der Zwischenzeit eingetroffen war, warteten. Er erzählte ihnen von dem aufregenden Erlebnis der Tigerkinder.

SCHMUSI UND DAS ROTKEHLCHEN

An einem warmen Sommertag saß auf einer Wasserrose im Teich ein Rotkehlchen und trällerte ein schönes Lied.
Der Katze Schmusi gefiel der Vogel besser als das Zwitschern, denn sie verspürte großen Hunger. Sie schlich am Ufer des Teiches entlang und wartete auf die günstigste Gelegenheit, um sich den guten Happen zu holen. Jetzt war es soweit, sie trappelte mit den Vorderpfoten, setzte zum Sprung an, um sich aus der Mitte des Teiches den Vogel zu schnappen.
Und was passierte?
Sie wagte tatsächlich den Sprung und platschte voll ins Wasser.
Das Rotkehlchen war natürlich schneller als die Katze, flog auf den Apfelbaum und sang sein Lied aus voller Kehle weiter. Dabei schaute der Vogel ein wenig schadenfroh in den Teich.
Schmusi paddelte mit ihren Beinen an den Rand, stieg pitsche-patsche-nass aus dem Wasser und sah fürchterlich aus. Durch kräftiges Schütteln spritzte das Wasser aus ihrem Fell und sie trottete, enttäuscht von sich selbst, auf die Wiese.
Zum Glück schien die Sonne und Schmusi konnte sich ins

Gras legen, um das Fell trocknen zu lassen. Dabei schlief sie ein und träumte von einer guten Mahlzeit, denn ihr Magen knurrte immer noch.

RUMBO, DER ELEFANT, UND DIE GAZELLE

Die Wüste in Afrika war wieder heiß. Rumbo stand unter dem Amarula-Baum im Schatten und nahm mit dem Rüssel kühlen Sand auf, um ihn auf seinen Rücken zu schleudern. Das war angenehm erfrischend. Rumbo war der Leitelefant der Herde. Seit Tagen suchten sie schon die Wasserstelle. Der Wind hatte sich gedreht und Rumbo konnte das Wasser nicht mehr wittern. Neben ihm stand der Jüngste der Herde und jammerte: „Ich habe großen Durst." Plötzlich wirbelte hinter dem Baum Sand in die Höhe. Eine Gazelle kam angesprungen und grüßte die Elefanten freundlich: „Ist das wieder eine Hitze heute. Geht es euch gut, liebe Freunde?" „Liebe Gazelle, es würde uns besser gehen, wenn wir endlich die Oase mit dem großen Wasserloch finden könnten. Du springst so lustig durch die Wüste und wir haben großen Durst", berichtete Rumbo der Gazelle, „weißt du, ich kann die Witterung nicht aufnehmen, weil der Wind sich gedreht hat."
„Da kann ich euch helfen", jubelte die Gazelle, „lauft einfach hinter mir her, ich führe euch zu der Oase, denn von dort komme ich."

Rumbo ließ sich das nicht zweimal sagen und rief seine Herde zusammen mit lautem „Töröh, töröh!" Die Herde setzte sich in Trab. Rumbo lief mit dem Jüngsten voran immer der Gazelle hinterher. Die Sonne brannte heiß auf die Rücken der Elefanten, sie prusteten und schnauften.
Plötzlich sprang die Gazelle mit einem Satz ganz hoch in die Luft und rief fröhlich: „Wir haben es geschafft. Hinter dem nächsten Sandberg ist die Oase!" Es war so. Sie stiegen über den Berg und mit einem lauten „Töröh, töröh" plantschten sie in das Wasser. Rumbo nahm eine Ladung Wasser in den Rüssel, spritzte lustig auf den Rücken der Gazelle, die einen Luftsprung machte und lachend davonlief. Die Elefanten riefen ihr noch ein herzliches Dankeschön hinterher. Sie nahmen alle ein Bad in dem herrlich kühlenden Wasser. Der jüngste der Elefanten konnte endlich seinen großen Durst löschen.

DAS CHAMÄLEON UND DER KLEINE TIGER

Im Dschungel klettert der kleine Tiger auf einen Baum, weil er Angst hat. Er ist von seinen Eltern weggelaufen, als sie auf Nahrungssuche waren. Noch ein Stück höher klettert er und will sich auf ein ganz festes dickes Blatt setzen. In dem Moment bewegt sich dass dicke grüne Blatt und läuft auf einem Ast weiter. Der kleine Tiger ist so erschrocken, dass er fast vom Baum heruntergefallen wäre. Da aber der Ast braun ist, auf dem das dicke Blatt weiterrutscht, sieht dieses nun auch braun aus.
Der Tiger staunt und fragt: „Bist du etwa ein Zauberer? Mal bist du grün, dann braun." „Nein, ein Zauberer bin ich nicht. Ich bin ein Chamäleon und mein Aussehen wechselt die Farbe mit meiner Umgebung", sagt das Chamäleon. „Warum ist das so?", fragt der Tiger.
„Nun, so schütze ich mich vor Feinden und bin immer gut getarnt." Und siehe da, schon ist das Chamäleon gelb, weil es auf einer gelben Pflanze sitzt.
„Wollen wir verstecken spielen?", schlägt das Chamäleon dem Tiger vor. Der Tiger lacht und sagt: „Da finde ich dich ja nie, aber ich überlege mir das noch. Heute ist es schon zu spät."

Doch da hört der kleine Tiger einen Ruf und erkennt die Stimme seiner Mutter. Fast hätte er vergessen, dass er Ausschau nach seinen Eltern halten wollte. Schon sieht er die Tigermama unten am Baum stehen und läuft am Baumstamm nach unten. „Mama, das war heute aufregend", sagt er und erzählt seiner Mama von dem Farbwechsel des Chamäleons, „vielleicht spiele ich doch morgen mit dem Chamäleon verstecken." „Ja, aber du sollst nicht immer so weit weg von uns gehen, wenn wir auf Futtersuche sind", ermahnt ihn die Mama. „Jetzt wirst du erst einmal schlafen, denn es ist schon sehr spät."

DAS KAMEL BUCKI UND DIE REGENWÜRMER

Es war wieder heiß in der Wüste, die Sonne brannte. Eine Karawane zog durch die Wüste und das kleine Kamel Bucki lief als jüngstes in der Mitte.
Den Kamelen macht aber die Hitze nichts aus, sie können genug Wasser speichern und sind somit für eine lange Zeit gut versorgt.
Die Karawane war schon zwei Tage unterwegs und zog in Richtung Mittelmeer. In weiter Ferne sah man die Luft flimmern. Aber das war eine Fata Morgana. Das sieht aus, als ob das Wasser schon in der Nähe ist, doch es ist nur eine optische Täuschung.
Die Karawane gelangte nun allmählich an die Küste. Bucki hatte mächtig zu kämpfen, denn das kleine Kamel lief zum ersten Mal eine so große Strecke.
Plötzlich zogen am Himmel dunkle Wolken auf. Das war das Zeichen, dass sie sich langsam der Küste näherten. Es fing an zu regnen. Alle freuten sich, aber für Bucki war das etwas ganz Neues. Der Sand war auch nicht mehr hell, sondern mit Erde vermischt. Beim Gehen schaute Bucki nach unten und war total erschrocken. Was war das denn?

Bucki blieb stehen und verursachte somit einen Stau wie auf der Autobahn. Keinen Schritt wollte Bucki weiter gehen! Schlangen! An seinen Füßen waren Schlangen! Er wusste, dass Schlangen ganz gefährlich sind. Aus der Erde schlängelten sich immer mehr. Bucki sprang von einem Bein auf das andere.

Der Kamelführer kam zu ihm und wollte den Grund für sein Verhalten wissen. Doch als er sah, weshalb das junge Kamel solche Angst hatte, lachte er und rief: „Bucki, du bist ein kleines dummes Kamel, das sind doch nur Regenwürmer. Hier an der Küste kommen sie aus der Erde, wenn es regnet. Sie sind ganz ungefährlich."

Da schaute sich Bucki um und sagte, dass er das doch nicht wusste, aber nun etwas dazugelernt hat. Die Karawane zog weiter zu dem Ort am Meer, wo sie von den Kaufleuten bereits erwartet wurden.

Am Ziel angekommen, legte sich Bucki sofort auf die kühle Erde, schlief ein und träumte von Regenwürmern …

DAS NILPFERD UND DIE SCHLANGE

Eine Python lag zusammengerollt auf einem Stein am Nil und schlief.
Die Sonne brannte und im Wasser tummelten sich die Nilpferde. Eines der Tiere gähnte, riss ganz weit sein großes Maul auf und stieg gemächlich aus dem Wasser. Am Ufer rutschte es sogar noch ab, weil es so müde war. Mit halb geschlossenen Augen trottete es auf den Stein zu, auf dem die Schlange ruhte. Das Nilpferd ließ sich auf den Stein plumpsen und krachte genau auf die Python. Die schreckte hoch, glitt unter dem Nilpferd vom Stein herunter und beschwerte sich laut bei dem Ruhestörer: „Du dickes, großes Nilpferd, legst dich einfach auf mich. Hast du keine Augen im Kopf?" Das Nilpferd aber gähnte und murmelte: „Ach, liebe Python, entschuldige bitte. Aber du kannst dich doch ganz flink auf einen anderen Stein schlängeln. Mir fällt das Gehen so schwer, im Wasser bin ich schneller. Ich hatte dich nicht gesehen."
Aber die Schlange war noch nicht friedlich gestimmt. „Ein wenig mehr Rücksicht kannst du schon auf deine hier lebenden Tiergenossen nehmen. Und die Augen öffnet man erst recht, um zu sehen, wohin man sich legen will."

„Ja, ja, du hast ja Recht, liebe Python, das nächste Mal pass ich auf", konnte das Nilpferd noch sagen und fing auch schon an zu schnarchen.

Das war der Schlange nun doch zu laut. Sie kroch blitzschnell zwischen den Steinen hindurch und suchte sich weit weg eine ruhige und schattige Stelle für ihren Mittagsschlaf.

DIE GIRAFFE UND EIN ÄFFCHEN

Am Rande der Sahara ging die Sonne langsam unter. Eine Giraffe stand am Akazienbaum, um noch einige kühle Blätter zu fressen. Da schaute plötzlich mit großen Augen ein Pavian-Äffchen zwischen den Blättern hervor. Die Giraffe erschrak und sagte: "Hey, du Äffchen, es wird gleich dunkel. Was machst du noch hier?" „Ich wollte ein wenig herumtoben, war neugierig. Nun bin ich aber zu weit weg von meiner Familie. Allein finde ich den Weg nicht mehr zurück", klagte das Äffchen.

„Pass auf, setz dich auf meinen Kopf und ich werde dich zu deiner Familie bringen", riet die Giraffe. Das Äffchen tat es, glitt aber wie auf einer Rutsche an dem langen Hals über den Rücken hinunter und landete im kühlen Sand. „Das war eine tolle Rutschpartie. Darf ich das noch einmal machen, liebe Giraffe?", fragte der Pavian.

„Nun gut, wenn es dir Spaß macht", sagte die Giraffe. Das Äffchen kletterte wieder nach oben und jubelte bei der Rutschpartie über den Giraffenrücken. Das ging ein paar Mal so weiter, bis die Giraffe endlich sagte: „Nun ist Schluss, du musst nach Hause zu deinen Eltern, die sich Sorgen machen. Ich komme morgen zum Waldesrand. Dann darfst du mit deinen Freunden diese Rutschpartie auf meinem Rücken wiederholen." „Versprochen?", fragte das Äffchen. „Ja, versprochen", sagte die Giraffe.

Nun war es schon dunkel und die Giraffe lief mit Riesenschritten durch den kühlen Sand, um das Äffchen, das auf dem Rücken saß, nach Hause zu bringen. Sie ging bis zum Waldesrand. Da sah sie ein Affenrudel, das aufgeregt hin und her rannte.

Dort entdeckten die Eltern ihr Kind auf der Giraffe und freuten sich, dass es endlich wieder zu Hause war.

DIE MÖWE UND DER BERNHARDINER-HUND

Ein heftiges Gewitter tobte am Strand und der Wind wirbelte den Sand durch die Luft. Da stürzte eine Möwe schreiend auf den Strand und blieb im Sand liegen. Sie rührte sich nicht mehr.

Dieses Geschehen beobachtete ein Bernhardiner-Hund mit seinem Herrchen. Sie schützten sich vor dem Gewitter in einem Strandkorb. Der Hund bellte laut und lief sofort, trotz Regen, zu der abgestürzten Möwe. Ängstlich schaute die Möwe ihn an und versuchte noch einmal zu fliegen. Aber es gelang ihr nicht. „Ob der mich fressen will?", fragte sich die Möwe. Aber der Hund dachte nicht daran. Er spürte, dass mit der Möwe etwas nicht stimmte. Er setzte sich neben sie und bellte ganz laut. Sein Herrchen pfiff nach ihm, aber der Bernhardiner blieb bei der Möwe sitzen. Dem Herrchen wurde es zu bunt und er schaute trotz Regen und Gewitter nach, was denn dort passiert ist.

Die verunglückte Möwe hatte einen gebrochenen Flügel. „Ob ich da helfen kann?", dachte er.

Er rief seinen Hund, streichelte ihn und sagte: „Such Stöckchen!" Der rannte los und kam nach kurzer Zeit mit einem

kleinen Stöckchen in der Schnauze zurück. Er ließ es vor seinem Herrchen fallen, dieser legte das Stöckchen vorsichtig unter den gebrochenen Flügel und fand sogar ein kleines Fädchen in seiner Tasche, das er um das Stöckchen band. So hat er den Flügel stabilisiert. Scheu blieb die Möwe noch im nassen Sand sitzen und wagte nicht zu fliegen. Endlich zog das Gewitter weg, es hörte auf zu regnen. Die Sonne schien sogar. In dem Moment rannte der Hund über den Sand und bellte die Möwe an. Diese erschrak, hob sich ganz mutig in die Lüfte und schrie vor Freude laut, denn sie konnte tatsächlich wieder fliegen.
Das Herrchen aber streichelte das Fell seines Hundes und sagte: „Fein hast du das gemacht. Wir konnten der Möwe das Leben retten."
Der Hund sprang bellend ins Wasser und planschte gegen die Wellen.
Am nächsten Tag lief der Bernhardiner mit seinem Herrchen am Strand entlang, da kreiste über ihnen die Möwe, sie setzte sich sogar auf den Rücken des Hundes. So begrüßten sich der Bernhardiner und die Möwe jeden Tag am Strand.

SIBBI, DAS KÄNGURU, UND DER HASE FLUPP

In Australien herrscht im Sommer große Hitze, deshalb gibt es sehr oft Waldbrände.
Das Känguru Sibbi hüpft mit seinen Freunden herum und spielt.
Es ist ein schöner warmer Tag, leichter Wind weht.
Doch da, was ist das? Schon wieder eine dicke schwarze Rauchwolke über dem Wald. Der Wald brennt!
Die Kängurus springen auf und davon. Das älteste Känguru pfeift ganz laut, damit alle in eine Richtung laufen und keines von ihnen verloren geht. Sie springen in großen Sätzen und wollen nur weit weg. Viele Tiere rennen um ihr Leben. Am Himmel sieht man Schwärme von Vögeln, die davon fliegen.
Sibbi springt mit den anderen über Blumen und kleine Büsche. Doch da tritt es auf etwas Weiches. Sibbi schaut nach unten und sieht ein kleines Häschen liegen. Das hat die Hasenfamilie bestimmt vergessen, denkt Sibbi. Es ist ja auch noch klein und kann nicht so schnell rennen wie die anderen. Sibbi überlegt nicht lange, packt das kleine Häschen in seinen Beutel und rennt in Riesensprüngen seiner Familie hinterher.

Kilometerweit weg sind sie von dem brennenden Wald, können jetzt halt machen und sich an dieser Stelle ansiedeln. Sibbi holt aus dem Beutel das Häschen. Da wundern sich alle Kängurus. Sie fragen Sibbi, woher er das Häschen hat. Sibbi erzählt, dass es auf der Wiese lag. Alle sind der Meinung, das Häschen zu behalten, um es groß zu ziehen. Aber welchen Namen soll es bekommen?

In dem Moment bekam das Häschen Angst vor den vielen fremden Kängurus und springt, flupp, wieder in den Beutel von Sibbi.

Und so erhält es seinen Namen.

Weil es so schnell springen kann, nannten es die Kängurus von nun an Flupp.

DAS NASHORN TAPS
UND DER ELEFANT TOMBO

Möchtest du hören, wie der Elefant das Nashorn rettet?
In der Steppe, die lange Zeit trocken und staubig ist, hat endlich die Regenzeit begonnen und die Tiere sehnen sich nach Wasser, frischen Ästen und Blättern.
Das Nashorn Taps ist noch jung und trampelt fröhlich durch die Steppe. Es freut sich über den Regen und hält den Kopf mit dem Horn nach oben, um fast jeden Tropfen aufzufangen. Dabei sieht das Nashorn nicht, dass es auf ein Wasserloch zuläuft und geradewegs hineintapst. In dem Wasserloch sinkt es tiefer und tiefer, es kann sich selbst nicht mehr heraushelfen. Taps schnauft und prustet, die Lage wird immer aussichtsloser.
Zu dem Wasserloch zieht es auch andere Tiere aus der Steppe. Sie alle haben Durst.
Auch die Elefantenherde kommt getrabt und trompetet, es klingt wie ein fröhliches Lied. Als sie an dem Ufer des Wasserlochs angelangt sind, erschrecken die Elefanten. Wer strampelt da im Wasserloch um sein Leben? Das ist doch Taps, das junge Nashorn.

Der Leitelefant Tombo handelt sofort! Er streckt seinen Rüssel aus und saugt sich an Taps fest. So kann er ihn vorsichtig aus dem Wasserloch herausziehen. Es ist geschafft! Taps liegt am Ufer, er ist fix und fertig. Aber er ist gerettet. Das verdankt er seinem jetzigen Freund Tombo. Bisher kannten sie sich nur als Steppenbewohner, aber nun sind sie Freunde.

Taps muss Tombo versprechen, dass er in Zukunft besser auf sich aufpasst.

DIE RATTE HAUZAHN UND DIE SCHNECKE GALIZIA

Es ist Sonntag und die Schnecke Galizia will Geburtstag feiern. Sie rutscht in ihrem Haus hin und her, um es sauber zu machen, denn Staub und Sand haben sich angesammelt. Sie freut sich auf ihre Geburtstagsgäste und hofft auf Sonnenschein, damit sie auf der Blumenwiese feiern kann, denn das Häuschen ist doch zu klein für alle Gäste.
An dem Knallerbsenbusch gegenüber sitzt die Ratte Hauzahn und beobachtet das Treiben. Sie ist ja auch eingeladen zur Feier. In dem Moment zieht ein Gewitter mit schwarzen Wolken auf, es blitzt und donnert. Natürlich fängt auch der Regen an.
Hauzahn hört, wie die Schnecke über das Wetter schimpft: „Da fällt wohl nun die schöne Geburtstagsfeier auf der Wiese ins Wasser. Und ich habe mich so sehr darauf gefreut!"
Die Ratte überlegt, wie sie helfen kann, schaut nach oben und sieht an dem Busch einen bunten Plastebeutel hängen. Da hat sie eine gute Idee: Mit den Nagezähnen reißt sie den Beutel auseinander und hängt ihn mit den vier Ecken an die

Zweige des Busches. So hat sie ein tolles Partyzelt errichtet, in dem die Schneckengeburtstagsgesellschaft feiern kann.

Die Ratte Hauzahn läuft auf die Wiese und pflückt Gänseblümchen, die sie zu einem schönen Strauß bindet. Damit geht sie zu Galizia, gratuliert ihr herzlich und erzählt von dem Partyzelt. Die Schnecke freut sich sehr, dass die Feier gerettet ist und geht mit den Ameisen, Mäusen und ihrer Schneckenfamilie zum Knallerbsenbusch, wo sie unter dem Partyzelt trotz Regen und Gewitter mit ihnen ungestört feiern kann.

Am Abend kommt sogar noch der Chor der Bienen und Hummeln, der ein schönes Geburtstagslied summt. Die Glühwürmchen sorgen für Licht und alle feiern fröhlich den Geburtstag der lieben Schnecke Galizia.

Nachdem die Feier zu Ende ist und alle Gäste gegangen und weggeflogen sind, zieht sich die Schnecke müde in ihr Haus zurück, schläft sofort ein und träumt von der schönen Geburtstagsfeier.

MARIENKÄFER PÜNKTCHEN UND HERR SPECHT

Von den Bäumen fallen die Kleider ab. Es ist Herbst und die Blätter tanzen lustig im Wind.
Für Marienkäfer Pünktchen ist es ziemlich kalt. Er verabschiedet sich jetzt endgültig vom Sommer, fliegt zum Wald und sucht sich an einer Birke einen geeigneten Platz unter der Rinde zum Überwintern.
Günstig ist die südliche Seite, daran scheint im Winter die wärmende Sonne, hatten ihm Freunde geraten. Das weiß Pünktchen noch und findet tatsächlich die kuscheligste Stelle unter der Rinde an der Südseite der Birke, in die er jetzt krabbelt.
Mein Heim für den Winter ist richtig gemütlich, denkt der Marienkäfer, kuschelt sich in die Ecke und möchte auch schon einschlafen.
Aber was ist das? Es hämmert und pocht, dass der gesamte Baum wackelt! „Ist das etwa ein Erdbeben oder wird der Baum gefällt?", fragt sich Pünktchen und bekommt einen großen Schreck; krabbelt wieder hinaus aus dem gemütlichen Heim und sieht an der anderen Seite des Baumes Herrn Specht

sitzen, der sich seine Mahlzeit aus der Rinde klopft. Da ist der Marienkäfer froh, dass der nicht auf der Südseite gepickt hat, denn dort hätte er ihn voll erwischt!

„Oh, Herr Specht, wenn ich Sie bitten darf. Verschonen Sie mich. Ich wohne hier um die Ecke und möchte meinen Winterschlaf halten. Ich bin noch nicht lange auf der Welt und würde gerne auch im nächsten Jahr noch über duftende Blumenwiesen fliegen", bittet Pünktchen. „Aber natürlich", sagt der Specht mit tiefer Stimme, „Marienkäferchen gefallen mir auch. Ich finde schon andere Insekten in der Rinde, die mich satt machen. Ich werde gut aufpassen, dass ich nicht an die Südseite der Birke komme." „Danke, Herr Specht, das ist sehr freundlich. Jetzt kann ich in Ruhe meinen Winterschlaf beginnen", sagt Pünktchen und krabbelt wieder in seine kleine, warme Höhle.

Er fällt in einen tiefen Schlaf und wird erst im März oder April wieder aufwachen.

DAS PFERD CARMEN UND PIRELLA, DAS ZEBRA

Carmen und Pirella treffen sich am Weidezaun.
Pirella, das Zebra, geht immer stolz und mit erhobenem Kopf an den Pferden vorüber. Es hebt dabei den Schwanz und setzt die Beine gekünstelt auf den Boden, dass es sehr komisch aussieht und die Pferde darüber lachen müssen.
Dieses Mal nimmt Carmen allen Mut zusammen und spricht das Zebra an: „Halt, Pirella, warum bist du so eingebildet? Du schaust nicht nach links und nicht nach rechts, wenn du an uns Pferden vorüber gehst. Glaubst du, dass du das schönste Tier auf der Welt bist, nur weil du schwarze und weiße Streifen auf deinem Fell hast?" Pirella hört sich das an und überlegt. Dann hebt das Zebra den Kopf, verdreht die Augen und lispelt: „Na klar, ihr Pferde seht so langweilig aus. Ich bin etwas Besonderes. Mit meinen Streifen falle ich

auf und alle schauen nach mir." Da erwidert Carmen: „Aber Pirella, du bist so geboren und hast dafür keine Leistung erbracht, dass du so schön bist. Keiner auf der Welt kann etwas dafür, wie er aussieht. Alle Tiere sind auf ihre Art schön. Stell dir vor, du wärest als Wildschwein auf die Welt gekommen oder als Ameise."

Da fängt Pirella an zu weinen und sagt zu Carmen: „Ja, du hast recht, daran habe ich noch gar nicht gedacht. Ich schäme mich, weil ich so dumm war. Entschuldige bitte."

Von nun an ist Pirella immer freundlich zu den Pferden und grüßt sie.

Sie schaut alle Tiere seitdem bewusster an und findet auch Wildschweine und Nashörner schön.

DIE SPINNE DOLORES UND DIE EULE

Die Spinne Dolores lebt im Wald und will für eine Spinnenparty viele Fliegen fangen. Deshalb spinnt sie ein großes Netz von einer Birke zur anderen. Es soll eine tolle Party mit Fliegensalat werden. Eingeladen hat sie schon viele bekannte Spinnen, weil morgen das Fest starten soll.
In der Dämmerung stellt sie fest, dass schon sechs große Fliegen im Netz sind und Dolores ist stolz auf ihren Fang.
Auf der Buche am anderen Ende des Waldes breitet die Eule ihre Flügel aus und startet, um für die Nacht einen guten Platz zu finden, weil sie wieder einmal Appetit auf eine Maus verspürt. Sie fliegt los und gleitet mit weit ausgebreiteten Flügeln durch den Wald. Plötzlich bleibt sie im Spinnennetz hängen, zappelt und schimpft. Sogar einen Flügel hat sie sich verletzt. Dolores bekommt einen Schreck, sie zieht schnell ihr Netz ein, um die Eule zu befreien.
Die Eule schimpft: „Dolores, wie kannst du nur so unbedacht ein Netz von einem Baum zum anderen spinnen? Du denkst nur an dich und nicht an die Vögel. Reicht nicht auch ein Netz von Ast zu Ast?"
„Ach, liebe Eule, ich wollte doch viele Fliegen fangen für

meine Party. Du hast Recht, ich müsste nur ein kleines Netz spinnen. Es tut mir leid, entschuldige bitte", jammert Dolores, „kann ich dir helfen? Du hast ja sogar deinen Flügel verletzt." „Ja", sagt die Eule, „vielleicht könntest du um meinen Flügel einen Faden spinnen, damit er etwas zusammenhält. Da kann ich wieder fliegen."

Das tut Dolores sehr vorsichtig und ist froh, der Eule helfen zu können. Die Eule bedankt sich für die Hilfe und fliegt zu ihrem Lieblingsbaum. Und Dolores spinnt schnell zwei kleine Netze und kann somit auch viele Fliegen für ihre Party fangen.

ADALBERT, DER ADLER, ALS RETTER

In den Alpen befindet sich an der Einbuchtung einer Felswand ein Adlerhorst. Der Adler lebt dort in friedlicher Eintracht mit den Gämsen, die an den Felsen hinauf und hinunter springen, so dass es dem Adler oft angst und bange wird, wenn er das beobachtet.

Er kommt eines Abends vom Beuteflug zurück und ruht sich in seinem Horst aus. Mit den berühmten Adleraugen kann er sehr weit sehen, deshalb entdeckte er, dass an einer entfernten Felswand etwas Ungewöhnliches ist. Das will er genau wissen und fliegt mit gewaltigem Flügelschlag über das breite Tal zu der Felswand. Er kreist über dem Felsen und erkennt, dass es ein Bergsteiger ist, der sich in seinem Seil verfangen hat.

Schon oft hat der Adler gesehen, wie Bergsteiger von Hubschraubern gerettet werden. Da es aber schon Abend wird, ist die Aussicht auf Hilfe sehr gering. Der Adler fliegt an die Felswand, ergreift mit seinen Krallen den Bergsteiger und reißt mit dem Schnabel das Seil mittendurch. Dann fliegt er mit ihm nach unten an den Berghang und legt sacht den ohnmächtigen Mann auf die Almwiese. Er beobachtet vom

Rand der Wiese, dass sich Leute um den Bergsteiger bemühen und ihm helfen.
Zufrieden mit sich kehrt Adalbert zurück in seinen Horst, denn es wird dunkel und er schließt die Augen.

DIE MADE IM APFEL UND DER ZITRONENFALTER

Die Menschen aus dem Dorf trafen sich vor der Kirche und brachten für das Erntedankfest Obst, Gemüse und Blumen für den Altar.
Der Korb mit den wunderschönen gelben Äpfeln wurde soeben hineingetragen und die Äpfel legte Frau Meier dekorativ auf den Altar. Kürbisse, Birnen, Weintrauben und vieles mehr waren bereits appetitlich verteilt und mit Blumen geschmückt.
Der Herr Pfarrer freute sich über die vielen Gaben und bewunderte die Pracht auf dem Altar. Er fasste auf einen Apfel, weil er glaubte, ein gelbes Blatt läge darauf, wollte es wegnehmen und erschrak, denn plötzlich schwirrte das vermeintlich gelbe Blatt um seinen Kopf. Ein Schmetterling, ein wunderschöner Zitronenfalter, flatterte aufgeregt über den Altar zu den bunten Fenstern und setzte sich dann wieder auf die gelben Äpfel. Aus einem Apfel kroch eine süße kleine Made mit großen schwarzen Augen, sie entdeckte den Zitronenfalter neben sich und plapperte gleich los: „Hallo, wo sind wir hier? In meinem Apfel-Zuhause ist es warm, aber hier

draußen friere ich." Der Schmetterling lispelte: „Ich weiß auch nicht genau. Ich dachte, an den Fenstern sind bunte Blüten, aber die sind nur so schön bemalt. Ich möchte gerne wieder hinaus an die frische Luft." Da kam die Rettung. Ein Junge lief am Altar vorbei und schaute auf die Äpfel, dabei entdeckte er die Made. Er rief laut: „Iihh, eine Made!" Der Herr Pfarrer bat ihn, den Apfel hinauszubringen.

Diese Gelegenheit nutzte der Zitronenfalter, flatterte über dem Jungen hinaus und setzte sich auf die Wiese zur Made, die samt Apfel dorthin geworfen wurde. „Hier ist die Welt größer als in dem Haus. Da kann ich weit fliegen. Aber nicht mehr lange, es ist schon Herbst", sagte der Schmetterling traurig zur Made. „Ich ziehe mich in meinen Apfel zurück, denn ich habe Hunger", stellte die Made fest und beide verabredeten sich für den nächsten Tag.

FLOCKI

Es wurde Herbst, die Blätter tanzten von den Bäumen. Mitten auf der Wiese lag ein kleines Hündchen, das ganz traurig war. Es war allein und keiner rief oder pfiff nach ihm.
Am Vormittag war das Frauchen mit Flocki, so hieß der Hund, spazieren gegangen. Im Wald machte es Spaß herumzutollen. Das Frauchen hatte sich öfter mal gebückt, um Pilze zu suchen und Flocki deshalb losgelassen. So konnte er ein wenig herumstromern, an vielen Bäumen das Bein heben und er witterte auch Spuren von wilden Tieren. Flocki war neugierig, er verfolgte die Spuren von Rehen, Hasen, Füchsen und vielen anderen Waldtieren. Es gefiel ihm im Wald und so entfernte er sich immer weiter von seinem Frauchen.
Nun stand die Sonne schon tief und der Wind wirbelte die bunten Herbstblätter durch die Luft.
Was wird aus mir, dachte Flocki. Er bekam Durst und trottelte über die Wiese, in der Hoffnung, den Bach zu finden, den er kannte. Er wusste, dass der Bach auch zum Wald hin floss. Da, es war ein Plätschern zu hören und Flocki lief

schneller. Und siehe da, hinter dem Dornenbusch war der Bach. Flocki stellte sich breitbeinig an das Ufer und schlapperte Wasser. Das tat gut! In dem Moment hörte er Stimmen und erkannte daraus auch die seines Frauchens. Frauchen hatte nämlich am Vormittag, als Flocki nicht mehr zu sehen war, den Jäger gebeten, mit seinem Dackel und mit ihr auf die Suche nach Flocki zu gehen. Flocki bellte, wedelte mit seinem Schwanz und lief in die Richtung, aus der die Stimmen kamen.

Welch eine Freude! Da war sein Frauchen! Er sprang an ihr hoch und hätte sie fast umgeworfen.

Nun war alles wieder gut. Es wurde dunkel und sie traten den Heimweg an.

Frauchen streichelte Flocki und sagte: „Damit du aber beim nächsten Mal nicht wieder dem Wild nachläufst, muss ich dich eben immer an der Leine lassen."

DER HAIFISCH UND DER PAPAGEI KARAMBA

In der Südsee wird durch eine Riesenwelle ein Haifisch an den Strand geschleudert. Er bleibt unter Palmen liegen und schnappt nach Luft. Der Hai wälzt sich im Sand und versucht, wieder ins Wasser zu gelangen.

Auf einer hohen Palme sitzt der Papagei Karamba und beobachtet diese Tragödie. Er überlegt, was er tun könnte, um dem Haifisch zu helfen. Karamba fliegt zu den Inselbewohnern und erzählt ihnen aufgeregt, was dem Hai passiert ist. Die Männer handeln sofort, nehmen fünf große Bretter und ein Seil mit zum Strand. Sie schieben diese Bretter vorsichtig unter den Hai. Angst haben sie vor ihm überhaupt nicht, obwohl er als unerbittlicher Raubfisch bekannt ist. Sein Maul ist riesengroß und die Zähne sehen gefährlich aus.

Karamba flattert über dem Geschehen und hofft, dass der Hai gerettet wird. Das Seil ist an einem Brett angebracht, die Männer wickeln es um die anderen Bretter und ziehen mit aller Kraft den Hai, der auf den Brettern zappelt, ans Ufer.

Der Hai gleitet ins Wasser und Karamba schreit: „Hurra, hurra, er ist gerettet!" Die Inselbewohner freuen sich, dass sie es geschafft haben. Der Haifisch dankt es ihnen, indem er an der Wasseroberfläche mit seiner Schwanzflosse winkt und weit ins Meer hinaus schwimmt.

DER ZIRKUSELEFANT TAMBI UND DER AFFE RUNA

Es war Sonntagmorgen, alles schlief noch im Zirkusgelände, nur Alain, der kleine Sohn einer Artistin und sein Bruder Janne nicht. Er hatte in der Nacht geträumt, wie seine Mama am Trapez zu turnen. Als er früh zeitig munter wurde, weckte er seinen Bruder Janne und erzählte ihm davon.
Oben in der Zirkuskuppel hängt das Trapez, an dem die Artisten ihre Künste vorführen (Das Trapez ist wie eine Schaukel auf dem Spielplatz). Und genau daran wollte Alain turnen, wie er es geträumt hatte. Dazu gehört viel Mut. Er kletterte am Seil hinauf und setzte sich auf die Schaukel. Als er aber nach unten schaute, bekam er Angst, große Angst. Dass es so weit oben ist, konnte er von unten gar nicht einschätzen.
Alain rief: „Janne, bitte hol mich herunter." Janne stand unten und war hilflos. Das Seil, an dem Alain hinaufgeklettert war, hing verheddert an einem Mast. Die Eltern wollte Janne nicht wecken, sie hätten bestimmt mächtig geschimpft. Da kam ihm eine Idee: Der Gorilla Runa und der Elefant Tambi waren ihre Freunde, mit denen sie oft spielten. Nur

sie konnten helfen. Er tröstete Alain und sagte: „Bleib ganz ruhig sitzen, ich hole Hilfe." Janne rannte los.

Zuerst ging er zum Elefant Tambi, der sich freute, Janne zu sehen. Auf dem Rückweg weckte er Runa, der noch schlief. Aber der Affe merkte sofort, dass etwas nicht stimmte, wenn Janne so aufgeregt war. Runa kletterte sofort auf Tambi's Rücken und Janne setzte sich auf den Rüssel. Auf dem Weg in das Zirkuszelt erzählte Janne dem Elefanten und dem Affen, dass Alain auf dem Trapez sitzt und nicht wieder herunter kann.

In der Manege angekommen, kletterte Runa sofort an dem Mast in die Höhe und nahm Alain in die Arme. Der Elefant streckte seinen Rüssel so weit hoch, dass er an das Trapez kam, so konnte sich der Affe mit dem einen Arm am Rüssel festhalten und im anderen Arm hielt er Alain fest. Janne stand auf dem Rücken des Elefanten und nahm seinen Bruder in Empfang.

Dass die Rettung gelungen war, darüber freuten sich alle vier. Tambi rief vor Freude: „Törööh, törööh" und lief ein paar Runden in der Manege mit Janne, Alain und Runa auf dem Rücken.

Als die Eltern dann die aufregende Geschichte hörten, sagte die Mama zu Janne und Alain: „Seht ihr, nicht jeder Traum kann gleich in Erfüllung gehen. Man muss dafür sehr viel lernen und trainieren."

DAS SCHWEIN EMIL UND DIE ZECKE

Aus dem Schweinestall kamen eines Tages Geräusche, die dem Bauern fremd waren. Eigenartiges Schnaufen und Grunzen, so hatte er es noch nie gehört.
Er betrat den Schweinestall und wollte kaum glauben, was er da sah: Schwein Emil hüpfte und tanzte, einmal auf den linken Beinen, dann wieder auf den rechten Beinen. Emil wackelte mit dem Kopf, schlug die Ohren vor und zurück. Sogar einen Handstand brachte er zustande. Das Ringelschwänzchen drehte sich ganz schnell wie ein Ventilator. Und zu guter Letzt schlug er noch einen Purzelbaum.
Der Bauer schaute mit Erstaunen zu und konnte es kaum fassen. Er beobachtete dieses Treiben ein paar Tage und stellte fest, dass Emil immer schlanker wurde. Das ist für ein Schwein gar nicht so gut.
Was war mit Emil los? So ein tolles Schwein hatte er noch nie! Das könnte ja eine Zirkusaufführung werden, dachte der Bauer.
Er rief alle Dorfbewohner zusammen und veranstaltete auf seinem Hof ein Zirkusfest. Emil tanzte, schlug Purzelbäume, machte einen Handstand, hüpfte auf den linken und auf

den rechten Beinen und alle klatschten Beifall. Die Kinder lachten und freuten sich, sie durften sogar auf Emil reiten. Aber keiner wusste, was wirklich mit Emil passiert war.

Zum Glück saß der Tierarzt als Zuschauer auf dem Hof und schaute sich Emil nach der Zirkusaufführung gründlich an. Eine große Zecke hatte sich in Emils Ohr gesetzt und gab die Befehle: Emil tanz, Emil hüpf, schlag einen Purzelbaum, mach einen Handstand, wirbel mit dem Ringelschwanz usw. … Und das arme Schwein führte alle Befehle aus.

Nachdem die Zecke aus dem Ohr entfernt war, legte sich Emil auf das Stroh in seinem Stall und war froh, dass er jetzt wieder seine Ruhe hatte und endlich dicker werden konnte, weil er sich nicht mehr so viel bewegen musste. Emil schlief ein und träumte von seinem schönen faulen Schweineleben.

DER SCHWAN UND DIE MAUS

Am Ufer des Flusses hat sich ein wunderschöner weißer Schwan niedergelassen, steckt seinen Kopf unter die Flügel und möchte ein wenig schlafen.

Unter seinem Körper fängt es plötzlich an zu rumoren und seine Füße werden gekitzelt. Das hält er eine Weile aus, aber dann wird es ihm doch zu bunt. Er springt hoch und entdeckt an der Stelle ein Loch, aus dem ein Mäuschen herausschaut.

Es piepst: „Hallo, schöner Schwan, du hast meinen Ausgang versperrt." „Das wollte ich nicht, liebes Mäuschen", antwortet der Schwan mit tiefer Stimme. Freundlich sagt die kleine Maus: „Das ist nicht schlimm. Ich bin ein kleines graues Mäuschen und bewundere euch weiße Schwäne. Es sieht so schön aus, wenn ihr auf dem Fluss schwimmt. Ich wünsche mir auch weiß zu sein." „Nun", sagt der Schwan, „ich kann ein wenig zaubern, das hat mir mein Großvater gelernt. Wir können es doch einmal versuchen." „Das ist ja toll", ruft das Mäuschen, „was muss ich tun?" „Setz dich kurze Zeit unter meinen rechten Flügel und halte ganz still", sagt der Schwan. Aufgeregt läuft das Mäuschen auf den Schwan, kriecht un-

ter den rechten Flügel und bewegt sich nicht mehr. Für das Mäuschen dauert es eine Ewigkeit, aber es sind nur ein paar Minuten vergangen, da hebt der Schwan den Flügel. Die kleine Maus springt herab und stellt sich vor den Schwan. „Wie sehe ich aus?", ruft das Mäuschen, „sag es mir bitte, lieber Schwan!" „Das Wasser ist wie ein Spiegel. Schau hinein und du wirst sehen, was passiert ist", rät ihm der Schwan.
Das tut die Maus. Sie läuft zum Wasser und tanzt vor Freude, als sie hineinschaut und ein weißes Mäuschen im Spiegelbild sieht. „Jetzt bin ich eine schöne weiße Maus! Aber wie hast du das gemacht, lieber Zauberschwan?" fragt sie wissbegierig. „Zauberei wird nicht verraten", entgegnet der Schwan und lacht.
„Wie kann ich dir danken?" möchte die weiße Maus wissen. „Sei immer nett und freundlich und gib mir einen Kuss", sagt der Schwan, reckt seinen langen Hals zur Maus und sie gibt ihm einen dicken Kuss.
Der Schwan läuft lachend zum Wasser und schwimmt weiter. Am Ufer steht winkend die glückliche weiße Maus, die sich auf ein Wiedersehen freut.

WINTER

REHKITZ SCHNUPPI UND UHU OTTOKAR

Der Vollmond schien in der Nacht und beleuchtete einen langen Weg im Wald zwischen den hohen Tannen. Der Weg verläuft schnurgerade und man kann vom Anfang bis zum Ende sehen.

Auf einem krakeligen Ast saß der dicke Uhu, denn er geht nur nachts auf Jagd, weil er im Dunkeln am besten sehen kann.

Er schaute gespannt auf den vom Mond beleuchteten Weg und wartete mit großem Appetit auf ein fettes Mäuschen, denn er hatte Hunger.

Da knackste es plötzlich im Unterholz und im Mondlicht sah der Uhu eine Herde Rehe hervorkommen. Er rief von oben: „Uhuu, uhuu, wohin wollt ihr denn heute Nacht?" „Hallo, Ottokar, wir ziehen auf die andere Seite des Waldes und wollen sehen, ob es noch Heu in der Futterkrippe gibt." Und die Herde zog auf dem hellen Weg in den anderen Wald.

Der Uhu schaute ihnen nach, bis sie am Ende des Weges verschwanden. Nun wollte er sich in aller Ruhe darauf konzentrieren, endlich ein Mäuschen zu fangen. Da krachte es schon wieder im Gehölz. Ottokar sah ein klitzekleines

Rehkitz, das hervorgestolpert kam und genau in die andere Richtung laufen wollte als es die Herde getan hat.
„He, du bist doch Schnuppi? Uhuu, uhuu. Warum läufst du nicht mit deiner Familie?", wollte der Uhu wissen. „Die haben mich vergessen, weil ich immer so bummle und nun weiß ich nicht, wo sie sind. Ich habe Angst, Uhu Ottokar", jammerte das Rehkitz. „Da kann ich dir helfen. Ich fliege und du läufst auf dem hellen Weg hinter mir her, uhuu, uhuu. Und nicht bummeln!", bekräftigte Ottokar noch sein Hilfsangebot und schon breitete er seine Flügel aus und los ging es. Schnuppi rannte hinter dem Uhu her und sie kamen gut voran. Die Herde stand an der Futterkrippe und war total erschrocken, als sie Schnuppi und Ottokar sahen. Dass sie das Kleine vergessen hatten, tat ihnen leid und sie bedankten sich bei Ottokar für die Hilfe.
Auch Ottokar wurde noch belohnt, denn als er über den hellen Weg zurückflog, lief unten ein Mäuschen und er konnte endlich seinen Hunger stillen.

DER GRIZZLYBÄR UND DER KLEINE WOLF

In Kanada war wieder der Winter sehr kalt und viel Schnee machte den Tieren zu schaffen.
Tief im Wald heulten die Wölfe. „Huh, huh" klang es. Das Echo brachte das Heulen zurück und es war so gruselig, dass sich sogar Brauni, der Grizzlybär, in seiner Höhle fürchtete. Er brummte vor sich hin: „Was ist nur heute los im Wald?"
Vor der Höhle lag so viel Schnee, dass die Bärenkinder nicht draußen spielen konnten. Sie machten es sich in der Höhle gemütlich und kuschelten sich an die Bärenmutter. Plötzlich war ein leises Winseln ganz in der Nähe zu hören. „Schau doch mal nach, wer da draußen weint", sagte die Bärenmutter zu Brauni. Mit seinen Pranken schob der Bär den Schnee beiseite und trat vor die Höhle. Hinter einem dicken Busch entdeckte er einen kleinen Wolf, der ganz traurig im Schnee hockte und weinte. Brauni trottete mit großen Schritten zu ihm und hob mit seinen Pranken das unglückliche Wolfskind hoch, trug es vorsichtig in die Höhle zu seiner Familie.
„Nun weiß ich auch, warum die Wölfe heute so heulen", stellte Brauni fest, „weil ihr Junges davongelaufen ist."

Das kleine Wolfskind freundete sich mit den Bärenkindern an und sie spielten zusammen. „Nun, du Kleiner, wie heißt du denn?", fragte die Bärenmutter. „Ich bin Wölfchen. Ich möchte wieder zu meiner Mama und zu meinem Papa", bat der kleine Wolf.
Brauni stand vor der Höhle und brummte ganz laut in den Wald, damit ihn die Wölfe hören konnten. Nach einer Weile standen zwei große Wölfe auf dem nahe gelegenen Berg und heulten: „Huh, huh, habt ihr unser Wölfchen gesehen?" Brauni winkte mit der großen Pranke und rief: „Ja, hallo, kommt hierher, euer Wölfchen ist bei uns." Da freuten sich die Wölfe, kamen angerannt und bedankten sich bei der Bärenfamilie. Ihr Junges nahmen sie in die Mitte und liefen zurück in den Wad. Das Kleine versprach, nicht wieder allein so weit wegzulaufen.

DIE ELCHE UND DAS EICHHÖRNCHEN

Eine Herde Elche läuft durch den Wald. Die Herde möchte auf die andere Seite des Waldes, weil dort eine Futterkrippe steht, in der gut schmeckendes Heu auf sie wartet. Da ihre Geweihe sehr groß sind, müssen sie aufpassen, dass sie damit nicht an den Zweigen der Bäume hängen bleiben. In Schweden, wo die Elche zu Hause sind, wird es im Winter schon sehr zeitig dunkel.

In den Wipfeln der Bäume springt das braune Eichhörnchen Wuschel lustig von Ast zu Ast. Denn Wuschel begleitet die Elchherde immer und ist ihnen ein guter Freund. Da das Eichhörnchen von oben alles besser sehen kann, ist es auch der Aufpasser für die Herde.

So allmählich kommen sie an den Waldrand. Zwischen den Wäldern gibt es in Schweden große, breite Straßen, auf denen viele Autos fahren. Wuschel springt nun etwas schneller, um an der Straße sehen zu können, ob Autos kommen und die Herde gefahrlos die Straße überqueren kann. Als er auf den großen Ast eines Baumes springt, kracht dieser urplötzlich ab. Wuschel stürzt nach unten und bleibt vor Schreck Schnee liegen. Die Elche haben von all dem noch nichts bemerkt, denn es ist dunkel. Sie laufen unbekümmert weiter, sie konnten sich ja bisher immer auf Wuschel verlassen, der an der Straße aufpasst und sie warnt, wenn ein Auto kommt. Da das Eichhörnchen keine Warnrufe abgibt, betreten die vorangehenden Elche die Straße.

Aber was ist das? Vor dem ersten Elch bremst quietschend ein Auto, danach das zweite, das dritte und so weiter. Die Elchherde bleibt wie erstarrt stehen und schaut nach oben. Aber Wuschel ist nicht zu sehen. Wo ist Wuschel?

Der letzte Elch läuft zurück und will das Eichhörnchen suchen. Als er an die Stelle kommt, wo Wuschel verunglückt ist, verheddert er sich mit seinem Geweih in dem herabgestürzten Ast. Dabei entdeckt er Wuschel liegend im Schnee. Vorsichtig stupst der Elch das Eichhörnchen an, langsam kommt es zu sich.

Beide sind froh, dass nichts weiter passiert ist und Wuschel klettert behend auf den Rücken des Elches, der schnell zur Herde zurückläuft.

Die Autos können weiter fahren und die Elche warten geduldig, bis kein Auto mehr kommt. Sie überqueren gemeinsam mit Wuschel die Straße, um zur Futterkrippe zu gelangen. Alle waren froh, wieder zusammen zu sein.

DAS KROKODIL SIMMA UND ROTSCHNABEL, DER STORCH

Simma liegt am Ufer und schläft. Das Wasser plätschert leicht um seinen Bauch und die Sonnenstrahlen wärmen sein Maul.
Das Krokodil träumt von einem großen, weißen Vogel mit langen roten Beinen und einem roten Schnabel. Es kaut und schmatzt sogar im Traum. Doch plötzlich schlägt Simma wild mit dem Schwanz um sich und wird munter. Vor ihm steht tatsächlich der große weiße Vogel mit roten Beinen, von dem er eben noch geträumt hat, mit einem dicken Frosch in seinem roten Schnabel.
Das Krokodil erstarrt. „Eben habe ich noch von dir geträumt und jetzt stehst du vor mir", krächzt das Krokodil ganz laut. „Dafür kann ich aber nichts", sagt der Storch, nachdem er den Frosch verschluckt hat. „Und du kannst auch wirklich nicht zaubern?" fragt Simma noch immer verständnislos. „Nein, ich bin soeben hier gelandet von einer weiten Reise. Vermutlich bist du von meinem Flügelschlag aufgewacht, als ich über dich hinweg flog. Ich komme aus Europa, von der Insel Rügen. Dort wird es jetzt sehr kalt und wir Störche

fliegen hierher nach Afrika, um so lange hier zu bleiben, bis es in unserer Heimat wieder wärmer wird. Dann fliegen wir zurück, viele tausend Kilometer", berichtet der Storch.

„Du Rotschnabel", sagt das Krokodil, „eigentlich würde ich dich gerne fressen, aber ich habe alle Achtung vor dir. Ich liege nur faul hier herum und kann immer die warmen Sonnenstrahlen genießen. Aber du musst so weit fliegen, um es warm zu haben. Ich biete dir meine Freundschaft an." „Danke", sagt Rotschnabel, „gilt das auch für meine Familie und Freunde, also für alle Störche?" „Ja klar", ruft das Krokodil, „ich werde es meinen Artgenossen mitteilen. Ihr könnt hier ungestört Frösche fangen."

Da stößt Rotschnabel einen Storchenruf aus und viele Störche kommen geflogen, lassen sich an dem Fluss nieder und können bis zum Frühjahr in Ruhe Frösche und anderes Getier fressen.

DER HIRSCH UND DER IGEL

Im tiefen Winterwald lief ein stolzer Hirsch durch den dicken Schnee zur Futterkrippe. Plötzlich stieß er mit dem Fuß an etwas Stachliges, das ihm weh tat.
Er schaute nach unten und sah eine stachlige Kugel. Die stieß er ein wenig an, so dass sie weiterrollte. „Merkwürdig", sagte der Hirsch mit tiefer Stimme, „einen Ball habe ich schon gesehen, der hier sieht aber anders aus."
Auf einmal bekam die Kugel kleine Beine und versuchte im Schnee zu laufen. Aber das ging nicht. Der Schnee war zu tief, die Beine zu kurz.
„Hallo, Hirsch, du hast mich aus dem warmen Laubhaufen gerollt, weil du nicht aufgepasst hast. Läufst mit stolz erhobenem Kopf durch den Wald und schaust nicht nach unten. Es liegt so viel Schnee und ich kann nicht zurück zu meiner Igelfamilie ins Winterquartier", sagte der Igel.
Der Hirsch entschuldigte sich für seine Unachtsamkeit bei dem Igel und beugte seinen Kopf weit nach unten, gabelte vorsichtig den Igel auf sein großes Geweih und wollte ihn zurück zum Laubhaufen tragen. Dem Igel aber gefiel es recht gut auf dem Geweih, so konnte er den Wald einmal von oben

betrachten. „Lieber Hirsch, das ist aber eine tolle Aussicht von hier oben. Danke, dass du mich zurückbringst." An dem Winterquartier angekommen, legte der Hirsch behutsam den Igel ab und versprach ihm, in Zukunft besser auf seine Mitbewohner im Wald acht zu geben. Der Igel huschte in den warmen Laubhaufen unter dem Schnee und kuschelte sich an seine Igelfrau.

An der Futterkrippe warteten schon die anderen Waldtiere und als der Hirsch bei ihnen angekommen war, erzählte er ihnen von seinem Erlebnis mit dem Igel.

DER EISBÄR PIMO UND
DER KLEINE SEEHUND HEULI

In Alaska tobte ein schlimmer Schneesturm, der dem Eisbären Pimo das weiße, dicke Fell zerzauste. Er stand auf der Eisscholle und wollte eben einen Fisch mit seiner Tatze fangen, da staunte er, denn es war ein kleiner Seehund, den er aus dem Wasser fischte.

Er nahm den Kleinen vorsichtig und fragte ihn, warum er so alleine war. Dieser heulte: „Meine Mama suche ich", dabei schaute er den Eisbären mit seinen großen Kulleraugen Hilfe suchend an, „ich bin zu Hause ins Wasser gesprungen und immer, wenn ich auftauchen wollte, war eine Eisscholle über mir, die mich nicht an die Wasseroberfläche ließ. Ich weiß nicht mehr, wo ich bin."

„Deine Mama werden wir schon finden", brummte Pimo und drückte den Seehund an sein weiches Fell. Dieser zitterte und hatte große Angst.

Der Eisbär sprang mit Heuli von Eisscholle zu Eisscholle, aber der Schnee fiel so dicht, dass er nichts sehen konnte. Der Eisberg, in dem der Seehund lebte, war irgendwo …

Lange irrte Pimo mit dem kleinen Seehund im Arm durch

den Schneesturm, bis dieser endlich aufhörte. Welch ein Glück! Pimo war instinktiv in die Richtung gelaufen, in der Heuli's Mutter schon lange nach ihrem Jungen suchte. Aber bisher hatte sie keine Ahnung, dass Heuli von dem Eisbären in einer ganz anderen Gegend gefunden wurde. Ach, war das ein Freude, als sie seine Stimme hörte: „Mama, Mama, hier bin ich. Pimo hat mich gerettet. Ich schwimme auch nicht wieder so weit weg." Sie lachte und weinte zur gleichen Zeit, als sie Heuli streichelte.

Beide bedankten sich bei Pimo für die Rettung. Und die Seehund-Mama ging mit ihrem Kleinen in den Schneeberg, in dem sie lebten und Heuli schlief vor Erschöpfung ganz schnell ein.

DER ESEL, DIE SCHAFE UND DER OCHSE

Im Stall zu Bethlehem herrschte Ruhe. Die Schafe hatten sich ins Stroh gelegt, der Ochse schnarchte schon laut, aber der Esel war noch nicht müde.

Er verspürte eine innere Unruhe, als ob noch etwas geschehen würde. Und so war es auch.

Er hörte Stimmen von draußen, die Stalltür wurde plötzlich aufgerissen und ein Mann und eine Frau kamen herein. Der Esel machte Platz und lief in die Nähe des Ochsen. Dieser wurde munter und fragte den Esel: „Was ist los? Wer sind die Leute?"

„Das sind Maria und Josef. Ich glaube, Maria bekommt ein Kind", antwortete der Esel.

In diesem Moment ist es auch passiert. Das Baby kam auf die Welt, es war ein Junge, er schrie und wurde in weiche Tücher gewickelt.

Der Esel lief zu den Schafen und sagte ihnen, dass sie etwas nach vorn kommen sollten, um Maria und Josef mit ihrem Kinde zu wärmen.

Es war nicht viel Platz im Stall, sie rückten eng zusammen. Draußen vor dem Stall hatten sich viele Menschen ange-

sammelt, die von der Geburt des Kindes hörten. Jesus ist geboren und alle wollten ihn sehen.
In dieser Heiligen Nacht ist ein Wunder geschehen.

Frau **Heide-Luise Niederquell-Ewald** aus Jena hat diese Gute-Träume-Geschichten ihren Enkeln immer zum Einschlafen erzählt und irgendwann auf deren Drängen aufgeschrieben.

Die Enkelkinder Alain, Nele und Mara nannten ihr vor dem Zubettgehen zwei oder drei verschiedene Tiere, und daraus hat sie die Geschichten voller Harmonie und Liebe gesponnen.

Es sind kurzweilige Erzählungen über eine heile Welt, voller Phantasie und Einfühlvermögen.

Die Illustrationen wurden von Frau **Petra Zöllner**, einer Kunsterziehungslehrerin, ebenfalls aus Jena, passend zum Stil der Erzählungen angefertigt.